BLEU
1a

**Première
partie**

McDOUGAL LITTELL

Discovering
FRENCH
Nouveau!

Activités pour tous

ISBN: 0 - 618 - 34951 - 0

1 2 3 4 5 6 7 8 9 — MDO — 07 06 05 04 03

Table of Contents

To the Student

The activities in *Activités pour tous* include vocabulary, grammar, and reading practice at varying levels of difficulty. Each practice section is three pages long, with each page corresponding to a level of difficulty (A, B, and C). A is the easiest and C is the most challenging. Each level includes three activities.

The reading activities are often based on French realia, such as menus, newspaper clippings, advertisements, and so forth.

Nom _____

Classe _____ Date _____

Discovering
FRENCH
Nouveau!

B L E U

Unité 1
Leçon 1A

Activités pour tous

Unité 1. Faisons Connaissance

LEÇON 1A La rentrée

A

Activité 1 Bonjour!

Circle the words that best complete the dialogues.

1. —Bonjour! *Je m'appelle / Tu t'appelles* Patrick. Et *toi / moi?*
   —Je m'appelle Anne.

2. —Bonjour! Je m'appelle Yvonne.
   —Bonjour! *Je m'appelle / Tu t'appelles* Pierre.

3. —*Moi, / Toi,* je m'appelle Christine. Et *moi / toi?*
   —*Moi, / Toi,* je m'appelle Amadou.

Activité 2 L'alphabet

What French words do the following letters spell? Write them out.

1. bé – o – enne – ji – o – u – erre _____

2. dé – e – u – ixe _____

3. ji – e – a – enne _____

4. cé – o – emme – emme – e – enne – té _____

5. a – pé – pé – e – elle – elle – e _____

Activité 3 Les chiffres

Choose the numbers that precede and follow the numbers in bold.

1. *un / quatre,* **cinq,** *huit / six*   4. *dix / trois,* **quatre,** *sept / cinq*
2. *trois / huit,* **neuf,** *un / dix*   5. *deux / cinq,* **trois,** *huit / quatre*
3. *zéro / quatre,* **un,** *cinq / deux*

B

Activité 1 Salutations

Circle the best response to each statement or question.

1. —Bonjour, Nathalie!
   —*Comment t'appelles tu? / Bonjour, Nicolas!*

2. —Comment t'appelles-tu?
   —*Je m'appelle Juliette. / Bonjour!*

3. —Moi, je m'appelle Trinh. Et toi?
   —*Bonjour, Trinh! / Je m'appelle Nicole.*

Nom _____

Classe _____ Date _____ _____

Discovering
FRENCH
Nouveau!

B L E U

Activité 2 L'alphabet

What French words do the following letters spell? Write them out.

1. a – pé – pé – e – elle – elle – e – esse   _____

2. emme – o – enne – i – ku – u – e   _____

3. hache – u – i – té   _____

4. u – enne – e   bé – i – esse – e   _____

5. elle – e – esse   a – emme – i – esse   _____

Activité 3 Les chiffres

Write the correct answer to each of the following additions.

1. un + un = _____   4. trois + trois = _____

2. un + quatre = _____   5. trois + quatre = _____

3. quatre + quatre = _____

C

Activité 1 Salutations

Complete the following exchanges.

1. —Bonjour !   3. —_____?

   —_____!   —Je m'appelle Nicole.

2. —Je m'appelle Marc. _____?

   —Je m'appelle Stéphane.

Activité 2 L'alphabet

Complete the names below, making sure you include the proper accents.

1. J__an-Luc   4. C__line

2. No__l   5. Hél__ne

3. Fran__ois   6. Jér__me

Activité 3 Les maths

You are teaching your little brother how to add in French. Complete the following simple
math problems by writing them out.

1. 8 + 2 = ? _____ et _____ font (make) _____.

2. 5 + 3 = ? _____ et _____ font _____.

3. 1 + 6 = ? _____ et _____ font _____.

4. 4 + 5 = ? _____ et _____ font _____.

5. 2 + 4 = ? _____ et _____ font _____.

Nom _____

Classe _____ Date _____

LEÇON 1B Tu es français?

A

Activité 1 Présentations

Circle the words that best complete the dialogues.

1. —Bonjour, je m'appelle Margaret.
   Je suis *anglais / anglaise.*
   —Bonjour! Je m'appelle Roger.
   Je suis anglais *aussi / ou.*

2. —Tu es française *aussi / ou* canadienne?
   —*Je suis / Tu es* canadienne.
   —Moi *aussi, / ou,* je suis canadien. —*Je suis de / Tu es de* Québec. Et toi?
   —*Moi, / Toi, je suis de / tu es de* Montréal.

Activité 2 Les nationalités

How might these people identify their nationalities?

1. Frédéric   «Je suis *canadien / canadienne.*»

2. Anne   «Je suis *français / française.*»

3. Caitlin   «Je suis *américain / américaine.*»

4. Stéphane   «Je suis *français / française.*»

5. Elisabeth   «Je suis *anglais / anglaise.*»

6. Pam   «Je suis *canadien / canadienne.*»

Activité 3 Les chiffres

Counting by twos, circle the next number in the series.

1. cinq, sept, *onze / neuf*
2. douze, quatorze, *seize / onze*
3. seize, dix-huit, *treize / vingt*
4. treize, quinze, *dix-sept / dix-neuf*
5. onze, treize, *quatre / quinze*

B

Activité 1 Présentations

Enter the correct questions and responses in the cartoon bubbles.

Je m'appelle Bob.   _____ ?

Tu es _____ ?   Oui. Je suis de Strasbourg.

_____ ? Tu es américain?   Oui. Je suis de Dallas.

Discovering
FRENCH
Nouveau!

BLEU

Activité 2 Les nationalités

Complete the following sentences with the correct nationalities.

1. Marie est de Marseilles. Elle est _____.

2. Andrew est de Londres. Il est _____.

3. Daniel est d'Orlando. Il est _____.

4. Caroline est de Québec. Elle est _____.

Activité 3 Les chiffres

Enter the missing numbers in the series.

1. sept, neuf, _____, treize

2. huit, dix, _____, quatorze

3. quatorze, _____, dix-huit, vingt

4. treize, _____, dix-sept, dix-neuf

5. un, cinq, dix, _____

C

Activité 1 Présentations

Introduce yourself by responding to the following questions.

1. —Bonjour! Comment t'appelles-tu? —_____

2. —Moi, je suis français. Et toi? —_____

3. —Tu es de Los Angeles? —_____

Activité 2 Les nationalités

Bertrand is meeting people at an international event and he keeps mistaking their nationalities. Complete the dialogues below.

1. —Jacques, tu es français?

   —Non, je suis _____. Je suis de Québec.

2. —Tu es italienne?

   —Non, je suis _____. Je suis de Rouen.

3. —Je suis français. Et toi, Nicole?

   —Moi, je suis _____. Je suis de Miami.

4. —Tu es américain?

   —Non, je suis _____. Je suis de Londres.

Activité 3 Les maths

You are teaching your little brother how to subtract in French. Write out the numbers.

1. $18 - 12 = 6$ _____ moins (minus) _____ font (make) _____.

2. $16 - 2 = 14$ _____ moins _____ font _____.

3. $15 - 10 = 5$ _____ moins _____ font _____.

Nom _____

Classe _____ Date _____

LEÇON 1C Salut! Ça va?

A

Activité 1 Dialogue

In the cartoon strip below, circle the words that best complete the dialogue.

Activité 2 Ça va?

Match people's expressions to the corresponding words or phrases.

a.   b.   c.   d.

_____ 1. bien   _____ 2. mal   _____ 3. très bien   _____ 4. comme ci, comme ça

Activité 3 Les chiffres

Add ten to the following numbers and select the correct answers.

1. vingt, *soixante / trente*
2. dix-neuf, *quarante-neuf / vingt-neuf*
3. quarante-trois, *cinquante-trois / treize*
4. vingt-et-un, *soixante, trente-et-un*

B

Activité 1 Tu ou vous?

Which expression would you choose to ask these people how they are?

a. Comment vas-tu?   **b. Comment allez-vous?**

_____ 1. Mme. Delorme   _____ 2. Stéphane   _____ 3. M. Poulain

Nom _____

Classe _____ Date _____

Activité 2 Les maths

You are teaching your little sister how to add large numbers in French. Write out the numbers.

1. 21 + 12 = ? _____ et _____ font *(make)* _____.

2. 16 + 30 = ? _____ et _____ font _____.

3. 20 + 40 = ? _____ et _____ font _____.

Activité 3 Ça va?

Choose the best response to each statement or question.

_____ 1. Salut, François!

_____ 2. Au revoir, Madame.

_____ 3. Ça va, David?

_____ 4. Comment allez-vous?

a. Au revoir, Catherine.

b. Comme ci, comme ça.

c. Salut! Ça va?

d. Très bien, Monsieur, merci.

C

Activité 1 Dialogue

Complete the following dialogue.

Activité 2 Les contraires

Write the opposite of each word or expression.

1. Au revoir! _____

2. Madame _____

3. Bien _____

4. Oui _____

Activité 3 L'âge

Based on the year of their birth, write out these people's ages in 2000.

1. Sophie Marchand (née en 1979) _____

2. Mme. Lainé (née en 1940) _____

3. M. Simoneau (né en 1958) _____

4. Karine Thibault (née en 1985) _____

Nom _____

Classe _____ Date _____

Discovering FRENCH *Nouveau!*

B L E U

LEÇON 2A Copain ou copine?

A

Activité 1 Dialogue

Circle words to complete the dialogue.

Salut / Voilà,
Paul! Ça va bien?

Oh, ça va. *Tiens /*
merci! Voilà Jean.

Oui, ça va
mal / bien.
Et toi?

C'est *un copain*
/ une copine.

Jean?
Comment
vas-tu? /
Qui est-ce?

Activité 2 Qui est-ce?

Circle each opposite.

1. C'est un copain?
   Non, c'est *une copine /*
   un ami.

2. C'est une fille?
   Non, c'est *un prof / un garçon.*

3.  C'est une prof?
   Non, c'est *un monsieur /*
   un prof.

4. C'est une dame?
   Non, c'est *un monsieur /*
   un prof.

Activité 3 Les salles de classe

Write out the foreign language teachers' room numbers.

1. M. Beauregard est dans la classe _____. [67]

2. Sra. Hernandez est dans la classe _____. [72]

3. Herr Schmidt est dans la classe _____. [71]

4. Signora Peretti est dans la classe _____.[68]

B

Activité 1 Dialogue

Select words to complete the dialogue.

PHILIPPE: _____, madame.

MME DULAC: Bonjour, Philippe. Ça va bien?

PHILIPPE: Oui, ça va très bien. Ah, _____! _____ Claude.

MME DULAC: Claude? Qui _____?

PHILIPPE: C'est _____.

voilà
bonjour
un ami
est-ce
tiens

Discovering
FRENCH
Nouveau!

B L E U

Activité 2 Qui est-ce?

Select words to indicate who people are.

une dame   un monsieur   une fille   un garçon

1. _____   2. _____   3. _____   4. _____

Activité 3 Un numéro de téléphone

Write out the telephone number below.

15.60.44.20

C

Activité 1 Une rencontre

Complete the following short dialogue.

—Salut, Patrick! Ça va?

—Oui, ça va _____, merci. Et _____?

—Comme _____. Tiens, voilà Claudine.

—Claudine? Qui _____?

—C'est _____.

Activité 2 Qui est-ce?

Answer the question **Qui est-ce?** by identifying people in two ways.

Modèle: *C'est un copain.*
Il est français.
Marc

2.   _____
M. Bouleau   _____

1. _____
Mme. Meursault

3. _____
Lisa

Activité 3 Des numéros de téléphone

Write out the telephone numbers below.

1. 63.42.50.12

2. 27.68.30.51

Nom _____

Classe _____ Date _____

Discovering FRENCH *Nouveau!*

BLEU

Unité 1
Leçon 2B

Unité 1
Leçon 2B
Activités pour tous

LEÇON 2B   Une coïncidence

A

Activité 1   Dialogue

Select the words that best complete the dialogue.

—Tu connais *le / la* garçon *voilà / là-bas?*
—*Oui / Non.* Comment s'appelle-t-il?
—*Il / Elle* s'appelle Lewis.
—Il est *américain / américaine?*
—Non, *il / elle* est de Londres.

Activité 2   Les articles définis

Circle the article that agrees with the noun.

1. *le / la / l'* dame
2. *le / la / l'* amie
3. *le / la / l'* monsieur
4. *le / la / l'* fille
5. *le / la / l'* garçon
6. *le / la / l'* ami

Activité 3   L'inflation

Adjust the following prices for inflation by adding 3 € to the given price.

1. quatre-vingt-quatre euros > *quatre-vingt-sept / quatre-vingt-onze* euros
2. quatre-vingt-cinq euros > *quatre-vingt-neuf / quatre-vingt-huit* euros
3. quatre-vingt-treize euros > *quatre-vingt-six / quatre-vingt-seize* euros
4. quatre-vingt-seize euros > *quatre-vingt-dix-neuf / quatre-vingt-huit* euros

B

Activité 1   Une fête

These are questions asked at a party in honor of this year's exchange students. Select the best answer to each question.

1. —Tu connais le garçon là-bas?
   —Non, *qui est-ce? / c'est Pierre.*

2. —Comment t'appelles-tu?
   —*Elle s'appelle Chantal. / Je m'appelle Louise.*

3. —Est-ce que la fille là-bas est française?
   —Oui, *elle est de Nice. / elle s'appelle Annette.*

4. —Qui est-ce?
   —*Il s'appelle Marc. / C'est un copain, Marc.*

5. —Ça va?
   —*Non, merci. / Oui, ça va.*

Nom _____

Classe _____ Date _____

Discovering
FRENCH
Nouveau!

BLEU

Activité 2 Les articles

Identify the two articles that could be used with each noun.

le	la	l'	un	une

1. dame ____ ____   3. fille ____ ____   5. ami ____ ____

2. garçon ____ ____   4. amie ____ ____   6. monsieur ____ ____

Activité 3 Les chiffres

Write out the underlined number in the following locker combinations.

1. 73 - 26 - <u>70</u> _____

2. <u>84</u> - 35 - 59 _____

3. 61 - 42 - <u>96</u> _____

4. <u>56</u> - 16 - 78 _____

C

Activité 1 Questions

Answer the following questions about your French teacher.

1. Comment s'appelle-t-il/elle? _____

2. Il/Elle est canadien(ne)? _____

3. Il/Elle est de Québec? _____

Activité 2 Les articles définis: *le, la, l'*

Write the appropriate article in front of each word.

1. _____ monsieur   3. _____ garçon   5. _____ fille

2. _____ ami   4. _____ dame   6. _____ amie

Activité 3 L'âge

The following people are listed with their current ages. How old will they be in ten years? Simply write out the correct numbers in the blanks.

1. Monsieur Simon a soixante-dix ans.   _____

2. Madame Durant a soixante-dix-neuf ans.   _____

3. Madame Martin a quatre-vingt-six ans.   _____

4. Monsieur Cardin a quatre-vingt-cinq ans.   _____

5. Madame Polynice a quatre-vingt-dix ans.   _____

Nom _____

Classe _____ Date _____

Discovering FRENCH Nouveau!

B L E U

LEÇON 2C Les photos d'Isabelle

A

Activité 1 La famille

Match male and female family members by category.

_____ 1. un frère   _____ 3. une tante | a. le père   c. une grand-mère

_____ 2. la mère   _____ 4. un grand-père | b. un oncle   d. une sœur

Activité 2 Dialogues

Select the words that complete the following dialogues correctly.

1. —Comment s'appelle *ton / ta* amie?
   —*Il / Elle* s'appelle Gisèle.

2. —Est-ce que c'est *ton / ta* père?
   —Oui, c'est *mon / ma* père.

3. —Quel âge a *ton / ta* cousin?
   —*Il / Elle* a quinze ans.

4. —Dominique, c'est *un / une* garçon?
   —C'est *mon / ma* cousine.

Activité 3 Les anniversaires

Circle the correct possessive adjectives, then write down people's ages.

1. *Mon / ma* amie a
   _____ ans.

2. *Mon / ma* père a
   _____ ans.

3. *Mon / ma* Tante Sophie a
   _____ ans.

4. *Mon / ma* petit frère a
   _____ ans.

B

Activité 1 La famille

For each number, circle the correct statement.

① C'est mon cousin. / C'est mon frère.

② C'est ma mère. / C'est ma tante.

③ C'est ma sœur. / C'est ma cousine.

④ C'est mon père. / C'est mon grand-père.

⑤ C'est mon oncle. / C'est ma grand-mère.

Activité 2 L'âge

Enter the correct form of **avoir** to complete each sentence.

1. Mon frère _____ vingt ans.

2. Moi, j'_____ quinze ans.

3. Ma tante _____ quarante-deux ans.

4. Quel âge _____-tu?

**Unité 1
Leçon 2C**

Activités pour tous

Nom _____

Classe _____ Date _____

**Discovering
FRENCH**
Nouveau!

B L E U

Activité 3 Dialogue

Select the words that best complete the dialogue.

—Est-ce que _____ as _____ chien?

—Oui. _____ s'appelle Pitou. Et _____? _____ as _____ chien _____?

—Non. J'ai _____ chat.

—Comment s'appelle _____ chat?

—_____ s'appelle Pompon.

il
aussi
ton
un
tu
toi

C

Activité 1 La famille

Introduce each family member identified by a number.

① _____
② _____
③ _____
④ _____
⑤ _____

Activité 2 Qui est-ce?

Complete the following dialogues with possessive adjectives.

—Qui est-ce?

—C'est _____ mère.

—C'est _____ père?

—Oui, c'est mon père.

—C'est ton chat?

—Oui, c'est _____ chat.

—C'est _____ cousine?

—Oui, c'est ma cousine.

Activité 3 L'âge

Making complete sentences, answer the following questions.

1. Quel âge a ta grand-mère? _____

2. Quel âge a ton oncle? _____

3. Quel âge a ta prof? _____

Nom _____

Classe _____ Date _____

Discovering
FRENCH
Nouveau!

B L E U

Unité 1

Activités pour tous
Reading

UNITÉ 1   Reading Comprehension

A

Compréhension

A

B

1. What town or city was Letter A sent from? _____

2. How much did the Letter A stamp cost in euros? _____

3. What town or city was Letter B sent from? _____

4. When was it sent? Write out the date in English. _____

5. How much did the Letter B stamp cost in euros? _____

Qu'est-ce que vous en pensez?

1. What do you think is the nationality of the sender of Letter B?

   américaine   canadienne   française

2. Considering the date on Letter B, do you think it was sent to wish someone a:

   Merry Christmas   Happy New Year   Happy Birthday

3. What is the exchange rate of the euro vs. the U.S. dollar? Does the stamp on Letter B appear comparable with or much different from what it would cost in the U.S.?

Nom _____

Classe _____ Date _____

Discovering
FRENCH
Nouveau!

B L E U

B

CARTE DE DÉBARQUEMENT
DISEMBARKATION CARD

ne concerne pas les voyageurs de nationalité française
ni les ressortissants des autres pays membres de la C.E.E.
not required for nationals of France nor for other
nationals of the E.E.C. countries.

1 Nom : **GREENE**
   NAME (en caractère d'imprimerie – please print)

   Nom de jeune fille : **WOODS**
   Maiden name

   Prénoms : **HELENE**
   Given names

2 Date de naissance : **10 / 06 / 68**
   Date of birth   (quantième) (mois) (année) (day) (month) (year)

3 Lieu de naissance : **CAMBRIDGE, MA**
   Place of birth

4 Nationalité : **USA**
   Nationality

5 Profession : **PHOTOGRAPHE**
   Occupation

6 Domicile : **150 MAPLE LANE**
   Address   **RIDGEWOOD, NJ 07450**

7 Aéroport ou port d'embarquement : **NEWARK, NJ**
   Airport or port of embarkation

La loi numéro 78-17 du 6 Janvier 1978 relative à l'informatique, aux fichiers et aux
libertés s'applique aux réponses faites à ce document. Elle garantit un droit d'accès
et de rectification pour les données vous concernant auprès du Fichier National
Transfrontière – 75, rue Denis Papin – 93500 PANTIN. Les réponses ont pour objet
de permettre un contrôle par les services de police des flux de circulation avec certains
pays étrangers. Elles présentent un caractère obligatoire au sens de l'article 27 de

Compréhension

1. How would you categorize this person?

   un homme   une femme   un garçon   une fille

2. What is this person's birthday?

   October 6, 1968   June 10, 1968

3. How would this person introduce himself or herself to a peer?

   Salut, je m'appelle . . .   Bonjour, Madame/Monsieur. Je m'appelle . . .

4. What does **naissance** mean? _____

5. What does **domicile** mean? _____

Qu'est-ce que vous en pensez?

1. When does one need to present this card?

   when leaving France   when entering France

2. What is this person's profession? _____

3. What does **nom de jeune fille** mean? _____

Discovering
FRENCH
Nouveau!

B L E U

C

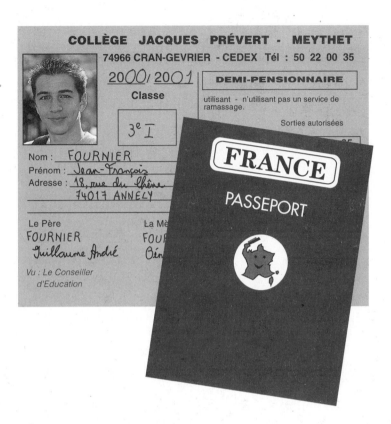

Compréhension

1. What nationality is the student? _____

2. What city does he live in? _____

3. What grade is the student in? _____

4. What grade would the student be in the U.S.? _____

5. What is the name of his school? _____

Qu'est-ce que vous en pensez?

1. What do you think a **collège** is equivalent to in the United States?

   Middle School   High School   College   Graduate School

2. Where would the student use this card? _____

3. Who is Jacques Prévert? _____

Nom _____

Classe _____ Date _____

Discovering FRENCH *Nouveau!*

BLEU

Unité 2
Leçon 3A

Activités pour tous

Unité 2. La vie courante

LEÇON 3A   Tu as faim?

A

Activité 1   Les articles

Select the correct articles.

1. *le / la / l'* croissant
2. *le / la / l'* pizza
3. *le / la / l'* omelette
4. *le / la / l'* hamburger
5. *le / la / l'* steak-frites
6. *le / la / l'* glace

Activité 2   Qu'est-ce que c'est?

Identify the following foods using the correct articles. Ex.:

steak-frites   glace   omelette   salade

1. _____

2. _____

3. _____

4. _____

Activité 3   Dialogue

Select the words that best complete the following dialogue.

—Bernard, *tu as / j'ai* faim?
—*Oui / non*, j'ai faim.
—Qu'est-ce que *tu veux / je voudrais?*
—*Tu veux / Je voudrais* un hamburger, une salade et une glace.
—Oh là là. *Tu as / J'ai* vraiment faim, Bernard.

B

Activité 1   Questions

Select the correct question for each response.

1. Q: _____

   R: Un croissant.

2. Q: _____

   R: Oui, très! Et toi?

3. Q: _____

   R: Oui, merci beaucoup!

> **Tu as faim?**
>
> **Tu veux un sandwich?**
>
> **Qu'est-ce que tu veux?**

Nom _____

Classe _____ Date _____ _____

Discovering
FRENCH
Nouveau!

B L E U

Activité 2 Dialogue

Circle the statements that best complete the dialogue.

—Tu as faim?
—*Non, merci. / Oui, j'ai faim.*
—Qu'est-ce que tu veux, une crêpe ou un sandwich?
—*Je voudrais un sandwich, s'il te plaît. / Oui, merci, j'ai faim.*
—Tu veux aussi une glace?
—*J'ai très faim! / Oui, donne-moi une glace.*

Activité 3 Les repas

You are in Paris: select the foods that you eat for breakfast, lunch, and dinner.

steak-frites   croissant   salade   sandwich au jambon   glace

1. _____

2. _____ et

_____

3. _____ et

_____

C

Activité 1 Questions

Write a logical question for each response.

1. _____

   Oui, j'ai faim.

2. _____

   Donne-moi un sandwich au jambon, s'il te plaît.

Activité 2 Les articles indéfinis

Write the appropriate word for "a" before each word.

Modèle: un hot dog et une pizza

1. _____ steak et _____ salade
2. _____ sandwich et _____ glace
3. _____ hamburger et _____ crêpe
4. _____ croissant ou _____ omelette

Activité 3 La nourriture

Request or offer the following foods, using the right form of address.

1. _____ (Virginie) (you offer) _____

2. _____ (Waiter) (you ask) _____

3. _____ (Bruno) (you ask) _____

Discovering
FRENCH
Nouveau!
B L E U

Nom _____

Classe _____ Date _____

LEÇON 3B Au café

A

Activité 1 Dialogue

Select the words that best complete the dialogue.

—Tu as _____?

—Oui, très. Je _____ une limonade.

—Tu as _____ aussi?

—Oui. S'il te plaît, _____ un sandwich au jambon.

| soif |
| voudrais |
| donne moi |
| faim |

Activité 2 Formules de politesse

Are the phrases spoken to a friend (a) or to someone you don't know well (b)?

_____ 1. Donnez-moi . . .   _____ 4. Vous désirez?   _____ 7. S'il vous plaît!

_____ 2. S'il te plaît!   _____ 5. Qu'est-ce que tu veux?   _____ 8. Tu as soif?

_____ 3. Excusez-moi.   _____ 6. Donne-moi . . .

Activité 3 Les boissons

Select the drinks that people in France would logically choose in the following situations.

une limonade   un café   un jus de raisin   un chocolat

1. The children have just come in from building a snowman. _____
2. It's August and two friends have just played tennis. _____
3. The family has just finished lunch. _____

B

Activité 1 Dialogue

Circle the words that best complete the dialogue.

—Bonjour, mademoiselle. Vous désirez?
—J'ai bien soif. *Une limonade / Une crêpe*, s'il vous plaît.
—Et pour vous, monsieur?
—Je voudrais *un café / une pizza*. J'ai très faim!
—Et avec ça?
—*Donne-moi / Donnez-moi* un soda, s'il vous plaît.

Activité 2 La bonne réponse

Match the following questions with the appropriate responses.

_____ 1. Vous désirez?   a. Non, c'est pour moi.

_____ 2. On va dans un café?   b. Oui, d'accord.

_____ 3. C'est pour vous, madame?   c. Un croissant et un café, s'il vous plaît.

Nom _____

Classe _____ Date _____

Discovering
FRENCH
Nouveau!

B L E U

Activité 3 Les boissons

For each food, select the best drink. Then, identify the food and drink.

Modèle: _____   _____ *une pizza*   _____ *un soda*

1. _____   _____   _____

2. _____   _____   _____

3. _____   _____   _____

C

Activité 1 Les boissons

Imagine you are in a café with a friend at the following times. Order food and drinks for both of you, making selections from the illustrations in the activity above.

1. `12:30` _____

2. `18:00` _____

Activité 2 Questions et réponses

Write responses to the following comments or questions.

1. Tu as soif? _____

2. On va dans un café? _____

3. Vous désirez, mademoiselle/monsieur? _____

Activité 3 Au café

Complete the following dialogue.

Serveur: _____

Anna: Je voudrais une limonade, s'il vous plaît.

Serveur: _____

Paul: Pour moi, un sandwich au jambon.

Serveur: _____

Paul: Un jus d'orange, s'il vous plaît.

Nom _____

Classe _____ Date _____

Discovering FRENCH Nouveau!

BLEU

Unité 2
Leçon 3C

Activités pour tous

LEÇON 3C   Ça fait combien?

A

Activité 1 Dialogue

Circle words to complete the dialogue.

—Combien coûte le hamburger?
—*Il / Elle* coûte 5 €.
—Et la glace?
—*Il / Elle* coûte 2 €.
—C'est combien, le jus de pomme et le café?
—*Ça fait / Prête-moi* 10 €.

Activité 2 Le bon prix

Estimate the total price of each food order.

_____ 1. une glace   _____ a. 7 €

_____ 2. un hamburger et   _____ b. 3 €
          un soda
                                              _____ c. 14 €
_____ 3. un steak-frites, une
          salade et un café   _____ d. 21 €

_____ 4. deux pizzas et deux jus de pomme

Activité 3 C'est combien?

Write the prices in full.

1. 6€25

2. 5€20

3. 2€05

_____   _____   _____

B

Activité 1 Dialogue

Circle words to complete the dialogue.

—*Combien coûte / Voici* le sandwich?
—*Il coûte / Prête-moi* cinq euros.
—*Donne-moi / Donnez-moi* aussi un jus de raisin. C'est combien?
—*Ça fait / Combien coûte* sept euros quarante.

Activité 2 Phrases à compléter

Match the first part of each sentence with its most logical conclusion.

_____ 1. Voyons, une limonade et une pizza, . . .   a. 10 €, s'il te plaît.

_____ 2. Dis, Karine, prête-moi . . .   b. je voudrais une omelette et un café.

_____ 3. Zut! Où est . . .   c. ça fait 9 €.

_____ 4. S'il vous plaît, monsieur, . . .   d. mon porte-monnaie?

Activité 3 Au menu

Estimate and write in full the correct price for each order.   12 €   4 € 50   3 €

1.   2.   3.

Ça fait _____.   Ça fait _____.   Ça fait _____.

Nom _____

Classe _____ Date _____

C

Activité 1 Les prix

Write out how much each item costs, using **il** or **elle**.

1.   _____

3.   _____

2.   _____

4.   _____

Activité 2 Ça fait combien?

As each person orders, tell them how much they will have to pay.

1.  2.  3.

Anna

_____

Philippe

Marc

_____

Activité 3 S'il te plaît . . .

Your friends all ask you to lend them money to make up their totals! Fill in the blanks.

1.

—J'ai 5 €. _____

3.

—J'ai 5 € 50. _____

2.

—J'ai 2 € 50. _____

4.

—J'ai 4 € 25. _____

Nom _____

Classe _____ Date _____

Discovering
FRENCH
Nouveau!

B L E U

Unité 2
Leçon 4A

Activités pour tous

LEÇON 4A L'heure

A

Activité 1 Dialogue

Select the words that best complete the dialogue.

—Salut, Brigitte. On va dans un café?
—Oui, *merci / d'accord*. Mais quelle heure *c'est / est-il*?
—*Il est / C'est* deux heures et demie.
—Bon. *J'ai / Je suis* une heure.

Activité 2 Quand?

When are the following activities taking place?

a. le matin	b. l'après-midi	c. le soir

_____ 1. Le concert de rock est à huit heures et demie.

_____ 2. Le rendez-vous chez le dentiste est à dix heures et quart.

_____ 3. L'examen de maths est à neuf heures.

_____ 4. Le rendez-vous au café est à une heure.

Activité 3 L'heure

Your friend George is always ten minutes late. If he is due to arrive at the times shown on the watch, when will he probably arrive? Circle the correct answers.

1. `12:50`

*une heure /
une heure dix*

2. `2:05`

*deux heures et quart /
une heure moins cinq*

3. `4:35`

*quatre heures et demie /
cinq heures moins le quart*

B

Activité 1 Questions et réponses

Match the answers to the questions.

_____ 1. Quelle heure est-il?

_____ 2. À quelle heure est le film?

_____ 3. Le match est à une heure?

a. Il est à 8h.

b. Non, il est à 2h.

c. Il est 10h.

Activité 2 Dialogues

Circle the correct expressions.

1. Le film est à huit heures *du soir / de l'après-midi*.

2. Le train pour New York est à sept heures *de l'après-midi / du matin*.

3. Le match de hockey est à deux heures *du matin / de l'après-midi*.

Activité 3 Les cours

What time do Stéphanie's classes start? Write down the times.

français `8:25`   *histoire* `9:30`   *géométrie* `10:45`

à _____   à _____   à _____

C

Activité 1 Questions

Mélanie and Sophie are talking about Sophie's plans for the day. Write the questions that would produce the following responses.

1. —_____

—Il est dix heures du matin.

2. —_____

—Mon rendez-vous est à deux heures.

3. —_____

—Le film est à huit heures.

Activité 2 L'heure

State whether the following times are in the morning, afternoon, or evening.

1. `10:00`   2. `3:00`   3. `7:00`

Il est dix heures   Il est trois heures   Ma famille dîne à sept heures

_____.   _____.   _____.

Activité 3 Ma journée

Write out the times you typically do the following activities.

1. get up _____

2. eat breakfast _____

3. go to school _____

Nom _____

Classe _____ Date _____

Discovering
FRENCH *Nouveau!*

B L E U

Unité 2
Leçon 4B

Activités pour tous

LEÇON 4B Le jour et la date

A

Activité 1 Dialogue

Select the words that best complete the dialogues.

—Quelle est *la date / le jour*, aujourd'hui?

—*Aujourd'hui, / Demain*, c'est *le un / le premier* avril.

—C'est ton anniversaire?

—Non, *mon / ton* anniversaire est *aujourd'hui / demain*.

Activité 2 Les mois

Tell what month the following events take place.

Modèle: (Super Bowl)   C'est en janvier. _____

(Halloween)   _____

(Mother's Day)   _____

(Bastille Day)   _____

(Christmas)   _____

Activité 3 La date

Circle the date in French that does not fit in with the others because it is out of season.

1. 10/01   03/05   05/02   3. 01/10   06/09   02/01

2. 02/04   07/05   08/10   4. 05/02   04/08   12/07

B

Activité 1 Questions et réponses

Select the best answer to each question.

_____ 1. —Quelle est la date, aujourd'hui?   a. —C'est demain.

_____ 2. —C'est quand, ton anniversaire?   b. —C'est mercredi.

_____ 3. —Quel jour est-ce aujourd'hui?   c. —C'est le deux novembre.

Activité 2 L'intrus

Which words do not belong with the others?

1. jeudi / dimanche / août   4. demain / aujourd'hui / mai
2. le vingt / janvier / juillet   5. le premier / mars / le treize
3. vendredi / le seize / jeudi

Nom _____

Classe _____ Date _____

Discovering
FRENCH
Nouveau!

BLEU

Activité 3 La date

Match the date associated with the following people or events.

_____ 1. le trente et un octobre   a. George Washington's Birthday

_____ 2. le premier avril   b. Bastille Day

_____ 3. le vingt-deux février   c. Halloween

_____ 4. le quatorze juillet   d. April Fool's Day (Poisson d'avril)

C

Activité 1 Quel jour est-ce?

Your friend is off by a day. Answer the questions.

1. —Aujourd'hui, c'est mardi? —Non, _____

2. —L'examen de science, c'est aujourd'hui? —Non, _____

3. —Ton anniversaire, c'est le vingt? —Non, _____

Activité 2 La poste

Write out the dates that these letters were mailed.

1. MONTIER-en-DER 12-02-01 _____

2. MONTIER-en-DER 10-08-00 _____

3. MONTIER-en-DER 01-05-01 _____

4. MONTIER-en-DER 05-01-02 _____

Activité 3 La date

Write the day and date that is two days later than the one given.

1. le vendredi douze juin _____

2. le mardi trente et un octobre _____

3. le jeudi dix-neuf août _____

Nom _____

Classe _____ Date _____

Discovering FRENCH
Nouveau!

B L E U

Unité 2
Leçon 4C

Activités pour tous

LEÇON 4C Le temps

A

Activité 1   Le temps

Circle the words that complete the dialogue.

—Quel temps *fait-il / est-ce?*

—*Il pleut. / Il est trois heures.*

—*Pas possible! / À quelle heure?*

—*Pourquoi? / L'après-midi.*

—Parce que le match de *tennis / hockey* est *aujourd'hui / demain!*

Activité 2   Les saisons

Match the seasons with the following dates in French.

le printemps	l'été	l'automne	l'hiver

1. le quatre juillet   _____

2. le vingt-cinq décembre   _____

3. le vingt-huit novembre   _____

4. le quinze juin   _____

Activité 3   La météo

Circle the most logical weather expression for each activity.

1.

2.

3.

4.

Il fait frais.
Il fait chaud.

Il fait froid.
Il pleut.

Il fait mauvais.
Il neige.

Il fait bon.
Il fait froid.

B

Activité 1   Questions et réponses

Choose the best answer to each question.

1. —Quel temps fait-il aujourd'hui?
   —*Il fait beau. / C'est l'hiver.*

   —Et demain?
   —*Il fait bon aussi. / C'est le printemps.*

2. —En quelle saison est le Super Bowl?
   —*En hiver. / Au printemps.*

3. —On va au café aujourd'hui?
   —*Non, il pleut! / Oui, il neige.*

Nom _____

Classe _____ Date _____

Discovering
FRENCH
Nouveau!

B L E U

Activité 2 La météo

Circle the *best* word or expression for each picture.

1. Il fait beau.
   Il fait mauvais.
   Il pleut.

2. 32°F 0°C
   Il fait chaud.
   Il fait froid.
   Il fait frais.

3. Il neige.
   Il fait froid.
   Il pleut.

4. Il fait chaud.
   Il fait mauvais.
   Il fait beau.

Activité 3 Questions

Determine whether the following terms refer to the weather, seasons, or days.

_____ 1. dimanche

_____ 2. il pleut

_____ 3. il fait beau

_____ 4. le printemps

_____ 5. mercredi

_____ 6. l'été

a. la météo
b. les saisons
c. les jours

C

Activité 1 Le temps

Write two sentences that describe the weather conditions in the areas given.

1. Quel temps fait-il à Québec en hiver? _____

2. Quel temps fait-il à Orlando en été? _____

3. Quel temps fait-il à Seattle au printemps? _____

Activité 2 Catégories

Write the words from the following list under the appropriate heading.

| Il fait mauvais. | dimanche | Il neige. | janvier |
| l'été | vendredi | août | le printemps |

la météo	les saisons	les jours	les mois
_____	_____	_____	_____
_____	_____	_____	_____

Activité 3 La météo

For each picture, write two short sentences stating the season and weather condition.

1.

2. 80°F 27°C

3.

4. 45°F 7°C

_____   _____   _____   _____

_____   _____   _____   _____

Nom _____

Classe _____ Date _____

Discovering
FRENCH
Nouveau!

BLEU

UNITÉ 2 Reading Comprehension

A

Compréhension

1. Which of the three restaurants caters to Asian tastes?

_____

2. If you don't eat meat, which restaurant would you prefer?

_____

3. Which restaurant is open every day?

_____

4. Between the two restaurants that list their hours, which opens earlier?

_____

5. Which stays open later?

_____

Qu'est-ce que vous en pensez?

1. What do you think **plat à emporter** means?
   take-out food   imported food

2. What do you think **de la maison** means?
   homemade food   house special

3. Judging by the postal codes, which two restaurants are probably closest to each other?
   A and B   B and C   A and C

B

Compréhension

1. In 12-hour clock time, what time is it?
   Il est trois heures vingt et un.   Il est cinq heures vingt et un.

2. What time of day is it?
   le matin   l'après-midi

3. You would consult this board if you were:
   meeting someone   seeing someone off

4. Why isn't the arrival gate posted for the Amsterdam train?
   because it was cancelled.   Because it's not yet due to arrive.

5. What are the station stops for the train coming from Brussels?

Qu'est-ce que vous en pensez?

1. Do the trains seems to run, for the most part, on time or with delays?

2. Circle three other countries besides France that use this station.
   England   Belgium   Italy
   Germany   Netherlands   Spain

3. When talking about transportation, how would you say "origin" and "destination" in French?

   _____

Nom _____

Classe _____ Date _____

Discovering FRENCH *Nouveau!*

B L E U

Unité 2

Activités pour tous
Reading

C

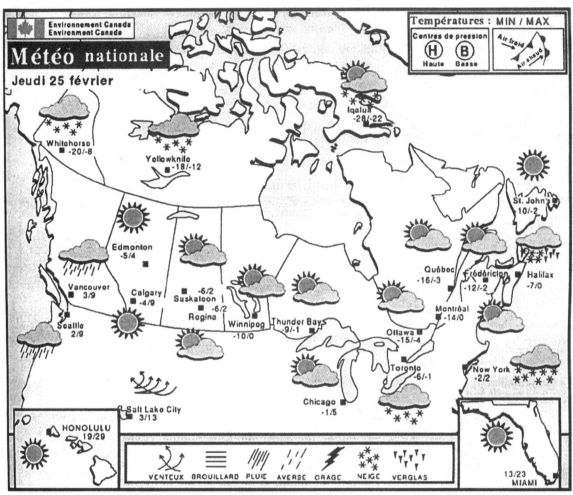

Compréhension

1. What day is it? _____

2. What month is it? _____

3. Are the temperatures in °F or °C? _____

4. How cold is the weather in Montreal, in °F? _____

5. How cold is the weather in Vancouver, in °F? _____

Qu'est-ce que vous en pensez?

1. What do you think **venteux** means in Canadian French?

   stormy   windy   foggy

2. What do you think **brouillard** means in French?

   fog   wind   rain

3. What do you think **pluie** means in French?

   fog   wind   rain

Discovering
FRENCH
Nouveau!

B L E U

Nom _____

Classe _____ Date _____

Unité 3. Qu'est-ce qu'on fait?

LEÇON 5 Le français pratique: Mes activités

A

Activité 1 J'aime . . . Je n'aime pas . . .

Fill in the blanks using the visual cues and either **j'aime** or **je n'aime pas**.

j'aime		je n'aime pas

1. —Moi, _____ étudier le français!

2. —Moi, _____ jouer au foot avec mes copains.

3. —Moi, _____ toujours jouer aux jeux vidéo.

4. —Moi, _____ dîner au restaurant.

5. —Moi, _____ toujours travailler.

Activité 2 Je veux . . . Je ne veux pas . . .

First fill in the blanks using the visual cues and either **je veux** or **je ne veux pas.** Then match the statement to the person most likely to have made it.

Je veux		Je ne veux pas

____ 1. _____ parler bien anglais.   a. Venus Williams

____ 2. _____ parler avec le président.   b. Penelope Cruz

____ 3. _____ dîner.   c. Céline Dion

____ 4. _____ jouer au tennis avec ma sœur.   d. Barbara Walters

____ 5. _____ chanter mes chansons.   e. Calista Flockhart

Activité 3 Invitations

Are the following people accepting or declining an invitation?

1. Je voudrais bien jouer avec toi, mais je ne peux pas aujourd'hui.   accepting   declining

2. Oui, bien sûr. Merci pour l'invitation.   accepting   declining

3. Merci, mais je dois travailler vendredi soir.   accepting   declining

4. D'accord. Je veux bien.   accepting   declining

5. Je regrette, mais je ne peux pas.   accepting   declining

Nom _____

Classe _____ Date _____ _____

Discovering
FRENCH
Nouveau!

BLEU

B

Activité 1 J'aime . . . Je n'aime pas . . .

First fill in the blanks with **J'aime** or **Je n'aime pas,** using the cues. Then match the beginning of each sentence with its logical conclusion.

☺ _____ 1. _____ parler français . . .   a. parce que mes amis sont là.

☺ _____ 2. _____ dîner au restaurant . . .   b. parce que je ne danse pas.

☹ _____ 3. _____ les boums . . .   c. parce que mon copain parle français.

☹ _____ 4. _____ voyager . . .   d. parce que j'aime manger.

☺ _____ 5. _____ aller au lycée . . .   e. parce que j'ai un chat à la maison.

Activité 2 Je veux . . . Je ne veux pas . . .

First fill in the blanks using the cues and either **je veux** or **je ne veux pas.** Then respond in complete sentences to the question: **Et toi?**

1. —Moi, _____ étudier ce soir.   Et toi?

   _____

2. —Moi, _____ jouer au foot samedi.   Et toi?

   _____

3. —Moi, _____ voyager en France.   Et toi?

   _____

4. —Moi, _____ jouer au tennis avec toi. Et toi?

   _____

5. —Moi, _____ travailler samedi après-midi. Et toi?

   _____

Activité 3 Invitations

Taking your cue from the smile or the pout, choose the best response to each question.

1. Est-ce que tu veux jouer aux jeux vidéo? ☺
   a. Oui, bien sûr.   b. Oui, mais je ne peux pas.

2. Est-ce que tu peux aller au café avec nous? ☹
   a. D'accord. À tout à l'heure!   b. Non, je ne peux pas.

3. Est-ce que tu peux dîner au restaurant samedi soir? ☹
   a. Je regrette, mais je ne peux pas.   b. Je veux bien, merci.

4. Est-ce que tu veux regarder la télé avec moi? ☺
   a. Oui, je veux bien, mais je dois travailler.   b. Oui, d'accord.

Nom _____

Classe _____ Date _____

Discovering
FRENCH
Nouveau!

B L E U

Unité 3
Leçon 5

Activités pour tous

C

Activité 1   J'aime . . . . Je n'aime pas . . .

Using the cues, write complete sentences about activities that you like or don't like to do.

1. ☺ À l'école, _____

2. ☺ Avec mes copains, _____

3. ☹ En hiver, _____

4. ☹ À la maison, _____

5. ☹ En été, _____

Activité 2   Je veux . . . Je ne veux pas . . .

Fill in the first blank with the correct verb for the activity shown. Then, using the cues, write sentences stating that you want or do not want to do the activities.

1. _____ ☺ _____

2. _____ ☺ _____

3. _____ ☹ _____

4. _____ ☹ _____

5. _____ ☺ _____

Activité 3   Invitations

Invite the following people to do certain activities. They either accept or decline the invitation.

1. Sylvie: danser avec toi

   —_____ ?

   —Oui, _____

2. Michel: parler espagnol avec toi

   —_____ ?

   —Je regrette, mais _____

3. Caroline: jouer aux jeux vidéo

   —_____ ?

   —Oui, mais _____

4. Frédéric: voyager avec toi

   —_____ ?

   —Oui, _____

Nom _____

Classe _____ Date _____

Discovering
FRENCH
Nouveau!

B L E U

Unité 3
Leçon 6

Activités pour tous

LEÇON 6   Une invitation

A

Activité 1   Être ou ne pas être?

Circle the word that correctly completes each sentence.

1. Jean-Michel n'*es / est* pas en classe.
2. Je *suis / sommes* en ville.
3. Vous n'*êtes / es* pas d'accord avec moi?
4. Mes amies *est / sont* au cinéma.
5. Tu *es / suis* en vacances maintenant?
6. Ils ne *sommes / sont* pas à la maison.

Activité 2   Opinions

Circle the term that best describes how you feel about each question.

1. Janet Jackson chante bien, non?   Mais oui!   Mais non!   Comme ci, comme ça.
2. Est-ce que tu aimes la classe de français?   Mais oui!   Mais non!   Comme ci, comme ça.
3. Est-ce que tu danses bien?   Oui!   Non!   Comme ci, comme ça.
4. Est-ce que ton père joue bien au basket?   Mais oui!   Non!   Comme ci, comme ça.

Activité 3   Oui ou non?

Using the cues, fill in the blanks with the affirmative or negative form of the verbs.

1. Est-ce que Nicole est de Boston?

   _____, elle _____ de Boston.

2. Est-ce que le copain de Nicole est là?

   Mais _____, il _____ là.

3. Est-ce que Pierre aime danser?

   _____, il _____ danser.

4. Est-ce que Pierre aime travailler?

   _____, il _____ travailler.

B

Activité 1   Où sont-ils?

Fill in the blanks with the correct form of **être**.

1. Le prof _____ en classe.
2. Mes cousins _____ à Québec.
3. Nous _____ au cinéma.
4. Est-ce que vous _____ ici?
5. Moi, je _____ en vacances.
6. Tu _____ au café avec les copains?

Nom _____

Classe _____ Date _____

Activité 2 Oui ou non?

Match each question with the most logical answer.

_____ 1. Est-ce qu'elles sont en ville?

_____ 2. Tu es à la maison, n'est-ce pas?

_____ 3. Est-ce que je peux téléphoner à mon copain?

_____ 4. Ils dînent au restaurant, n'est-ce pas?

_____ 5. Est-ce que tu aimes voyager?

a. Mais oui, à huit heures.

b. Oui, j'aime Paris et New York!

c. Oui, je regarde la télé.

d. Mais oui, elles sont au café.

e. Oui, si tu veux.

Activité 3 Questions et réponses

Choose the most logical answer to each question.

1. Est-ce que vous jouez au foot?
   a. Oui, elles jouent au foot.   b. Non, nous ne jouons pas au foot.

2. Est-ce qu'elle étudie?
   a. Oui, elle travaille à la maison.   b. Non, elle n'aime pas voyager.

3. Tu es de Paris, n'est-ce pas?
   a. Oui, je suis de Dallas.   b. Non, je ne suis pas français.

C

Activité 1 Où sont-ils?

Using the visual cues, write a sentence explaining where people are.

1. Je _____

2. Ils _____

3. Vous _____

4. Tu _____

Activité 2 Questions

Write questions that would produce the following responses.

1. —_____

   —Caroline? Elle est à la maison.

2. —_____

   —Mais non, il ne travaille pas là-bas.

3. —_____

   —Oui, je veux bien jouer au basket avec toi.

4. —_____

   —Mais oui, j'aime parler français.

Activité 3 Mais non . . .

Answer the following questions negatively.

1. Est-ce que vous êtes en vacances? _____

2. Est-ce que la prof de français est anglaise? _____

3. Est-ce que tu écoutes souvent la radio? _____

Nom _____

Classe _____ Date _____

Discovering
FRENCH
Nouveau!

B L E U

Unité 3
Leçon 7

Activités pour tous

LEÇON 7 Une boum

A

Activité 1 Verbes

Circle the verb form that correctly completes each sentence.

1. Je *visite / visites* souvent Paris.
2. Marc ne *regardes / regarde* pas la télé.
3. Ils *joue / jouent* bien aux jeux vidéo.
4. Nous n'*habitons / habitez* pas à Boston.
5. Tu *aimes / aimez* mon cousin?
6. Karine et Anna *invite / invitent* des amis à la boum.

Activité 2 Adverbes

Circle the adverb that fits logically.

1. Alan Iverson joue *rarement / très bien* au basket.
2. Whitney Houston chante *aussi / bien*.
3. Le président américain parle *un peu / beaucoup* français.
4. Ma grand-mère écoute *souvent / rarement* la musique hip-hop.
5. Willie Nelson joue *bien / un peu* de la guitare.

Activité 3 Préférences

Fill in the blanks with the correct verbs.

1. Je voudrais jouer aux jeux vidéo, mais je dois _____ .

2. Je dois travailler, mais je voudrais _____ .

3. J'aime le français, mais je préfère _____ anglais.

4. Je voudrais _____ mais je dois aller à l'école.

5. J'aime le basket, mais je préfère _____ au tennis.

Nom _____

Classe _____ Date _____

Discovering FRENCH *Nouveau!*

B L E U

B

Activité 1 Questions

You are new in town. Circle the correct answers to the following questions about yourself and your family.

1. —Tu parles français?
   —*Oui, je parle français. / Oui, nous parlons français.*

2. —Vous habitez ici maintenant?
   —*Oui, j'habite ici maintenant. / Oui, nous habitons ici maintenant.*

3. —Tu nages bien?
   —*Oui, je nage bien. / Oui, nous nageons bien.*

4. —Tu joues beaucoup au tennis?
   —*Non, je ne joue pas beaucoup au tennis. / Non, nous ne jouons pas beaucoup au tennis.*

Activité 2 Adverbes

Choose the adverb that best describes the situation. Use each only once.

souvent	beaucoup	peu	très bien	mal

1. Je joue au basket tous les jours. Je joue _____.

2. Paul joue au tennis comme un professionnel. Il joue _____.

3. Mme Leclerc aime parler. Elle parle _____!

4. Les Dupont voyagent cinq jours en été. Ils voyagent _____.

5. Je ne joue pas beaucoup du piano, parce que je joue _____.

Activité 3 Préférences

Using the visual cues and words from the box, write sentences stating your wishes (**je veux**), likes (**j'aime**), and obligations (**je dois**).

je veux 😊😊	j'aime 😊	je dois 🙁

1. 😊 _____ mais 🙁 _____ !

2. 🙁 _____ parce que 😊 _____ !

3. 😊😊 _____ parce que 😊😊 _____ !

Nom _____

Classe _____ Date _____

C

Activité 1 Beaucoup ou peu?

Using the visual cues, write how much or how little people do things, using **beaucoup, un peu, souvent,** or **rarement.**

1. Ma mère _____

2. Mes amis _____

3. Mon père _____

4. Mon frère _____

5. Nous _____

6. Est-ce que vous _____

Activité 2 Mes activités

Write how well you do the following activities, using **très bien, bien, comme ci, comme ça,** or **mal.**

1. _____   3. _____

2. _____   4. _____

Activité 3 Préférences

Write sentences stating contrasts as in the example. Use the visual cues and expressions like **j'aime / je n'aime pas, je veux, je ne peux pas, je dois,** and **je ne . . . pas beaucoup.**

Modèle: J'aime danser mais je ne danse pas beaucoup.

1. _____

2. _____

3. _____

4. _____

5. _____

Nom _____

Classe _____ Date _____ _____

Discovering
FRENCH
Nouveau!

B L E U

Unité 3
Leçon 8

Activités pour tous

LEÇON 8 Un concert de musique africaine

A

Activité 1 Dialogues

Select the question word that would produce the given response.

1. —*À quelle heure / Qu'*est-ce que tu manges?
   —Un sandwich au fromage.
2. —*Quand / Où* est-ce que Martin habite?
   —Il habite à Minneapolis.
3. —*À quelle heure / Comment* est-ce que les Dumont dînent, généralement?
   —Ils dînent à huit heures.
4. —*Quand / Comment* est-ce qu'Éric joue au foot?
   —Il joue bien.
5. —*Quand / Comment* est-ce que tu étudies?
   —Le soir.

Activité 2 Répète, s'il te plaît.

You don't hear everything clearly on your cell phone. Ask for clarification, choosing one of the expressions below.

Qui?	À qui?	De qui?	Pour qui?	Avec qui?	Pour qui?

1. Paul téléphone à Claire. _____

2. Ils parlent de Marie. _____

3. Elle aime étudier avec Robert. _____

4. Mais elle préfère Martin. _____

5. Et elle organise une boum pour Martin. _____

Activité 3 Qu'est-ce qu'ils font?

Your friend wants to find someone to go for a walk with her but everyone is busy doing something. Select the word that correctly completes each sentence.

—Qu'est-ce que tu *fais / font?* Tu veux faire une promenade avec moi?
—Moi, je *fais / fait* mes devoirs. Peut-être Suzanne et Hélène?
—Non, elles *font / faisons* un match de foot. Et André, qu'est-ce qu'il *faire / fait?*
—Il *fais / fait* attention à la météo parce qu'il veut *fait / faire* un match de tennis à 4h.
—Bon. Nous *faisons / faites* une pizza à 6h?
—D'accord!

Nom _____

Classe _____ Date _____

Discovering
FRENCH
Nouveau!

B L E U

B

Activité 1 Questions

Select the question word or phrase that corresponds to each response.

Où est-il?	Quand?	À quelle heure?	Comment?	Pourquoi?	Qu'est-ce qu'il fait?

_____ 1. À six heures et demie.   _____ 4. Il est à la maison.

_____ 2. Parce qu'il pleut.   _____ 5. Le matin.

_____ 3. Il regarde la télé.   _____ 6. Bien!

Activité 2 Qu'est-ce qu'ils font?

Choose the best answer to each question.

1. À qui est-ce que tu téléphones?
   a. Je téléphone à ma copine.
   b. Je téléphone de chez moi.

2. Avec qui est-ce que Jean et Luc habitent?
   a. Ils habitent à Québec.
   b. Ils habitent avec Élisabeth et Nathalie.

3. Pour qui est-ce que Claire travaille?
   a. Elle travaille pour TelNet.
   b. Elle travaille en ville.

4. De qui est-ce que vous parlez?
   a. Nous parlons de Thomas.
   b. Nous parlons à Véronique.

5. Qui est-ce que vous écoutez?
   a. Nous écoutons la radio.
   b. Nous écoutons le prof.

6. Qu'est-ce qu'il mange?
   a. Il mange avec une copine.
   b. Il mange un croissant.

Activité 3 Faire

Fill in the blanks with the correct form of **faire.**

1. Nous _____ attention dans la rue.

2. Est-ce que vous _____ une promenade?

3. Est-ce que M. Lebeau _____ un voyage?

4. Tu ne _____ pas le dîner?

5. Éric et Yvette _____ un match de tennis, non?

6. Moi, je peux peut-être _____ un voyage en été.

Nom _____

Classe _____ Date _____ _____

Discovering
FRENCH
Nouveau!

B L E U

Unité 3
Leçon 8
Activités pour tous

C

Activité 1 Réponses

Answer the following questions.

1. Qui te téléphone souvent?

   _____

2. Avec qui est-ce que tu fais du sport?

   _____

3. À quelle heure est-ce que tu manges, le soir?

   _____

4. Comment est-ce que tu parles français?

   _____

Activité 2 Questions

Write a question to elicit the following answers.

1. _____
   —Il chante très mal.

2. _____
   —Parce que je veux voyager en France.

3. _____
   —Je n'aime pas le fromage.

4. —_____
   —Elles habitent à Chicago.

5. —_____
   —Nous jouons au foot au printemps.

6. —_____
   —Non, je préfère étudier. Mais Simone aime
   le tennis.

Activité 3 Qu'est-ce qu'ils font?

Use the illustrations to write what people are doing. Use a form of **faire** in each sentence.

1. Mélanie _____

2. David et Chantal _____

3. Tu _____

4. Nous _____

5. Vous _____

6. Je _____

Nom _____

Classe _____ Date _____

Discovering
FRENCH
Nouveau!

B L E U

Unité 3

Activités pour tous
Reading

UNITÉ 3 Reading Comprehension

A

Compréhension

1. This ad would interest people who like:

   museums   movies   music

2. What do you think Muzzik is?

   a channel available   a radio station
   via cable and
   satellite

3. How many days a week does it broadcast?

   Monday   weekends   every
   through   only   day
   Friday

Qu'est-ce que vous en pensez?

1. How does one say "channel" in French?

2. What do you think **son numérique** means?

   digitized sound   analog sound   high fidelity sound

3. How do the French say a show is "broadcast?"

   lancé   diffusé   joué

4. During what hours does it broadcast?

   mornings   evenings   24 hours
   a day

5. What does **musiques du monde** mean?

   foreign   world   mountain
   music   music   music

Nom _____

Classe _____ Date _____

Discovering
FRENCH
Nouveau!

B L E U

B

Musique et Patrimoine

MUSIQUE ET PATRIMOINE

UN DIMANCHE PAR MOIS À 16 HEURES *

LA MAIRIE DE PARIS
VOUS INVITE À DÉCOUVRIR
UN MONUMENT OU UN MUSÉE
AVEC UN CONCERT

MAIRIE DE PARIS

* sauf horaires particuliers

Informations

**Direction des
Affaires culturelles
de la Ville de Paris**
31, rue des Francs-
Bourgeois
Paris IVᵉ

01 42 76 84 00
01 42 76 84 01

Entrée libre

28 OCTOBRE 2001
Église Notre-Dame de Lorette
18 bis, rue de Chateaudun
Paris IXᵉ

25 NOVEMBRE 2001
Église Sainte-Marguerite
36, rue Saint-Bernard
Paris XIᵉ

20 JANVIER 2002
Couvent des Cordeliers
15, rue de l'École de médecine
Paris VIᵉ

24 FÉVRIER 2002
Musée Bourdelle
à 14 h 30 et 16 h
*Réservation obligatoire
au 01 42 76 56 18*
16, rue Antoine Bourdelle
Paris XVᵉ

17 MARS 2002
Église Saint-Pierre de Chaillot
31 bis, avenue Marceau
Paris XVIᵉ

28 AVRIL 2002
Église Notre-Dame de la Croix
de Ménilmontant
3, place de Ménilmontant
Paris XXᵉ

26 MAI 2002
Église Saint-Germain des Prés
à 15 h
1, place Saint-Germain des Prés
Paris VIᵉ

23 JUIN 2002
Musée Carnavalet
à 14 h 30 et 16 h
*Réservation obligatoire
au 01 42 76 56 18*
23, rue de Sévigné
Paris IIIᵉ

Compréhension

1. What kind of event is this?

   rock concert   church and museum concert series

2. What day of the week do these events take place?

   Sunday   Wednesday   Saturday

3. How frequently do they happen?

   every day   once a week   once a month

4. What time do they take place? 2 P.M.   4 P.M.   6 P.M.

5. For which events are reservations required?

   church concerts   museum concerts

Qu'est-ce que vous en pensez?

1. What is the government trying to encourage?

   sightseeing   visits to monuments   concert attendance

2. What do you think **patrimoine** means?

   exhibit   fatherhood   national heritage

3. The brochure is produced by Paris City Hall. How do you say "City Hall" in French?

Discovering French, Nouveau! Bleu

Discovering
FRENCH
Nouveau!

BLEU

Unité 3

Activités pour tous
Reading

C

Compréhension

1. Where is Sea Life located? _____

2. What days and during what hours is it open? _____

3. What age do you have to be to get in free? _____

4. How many aquariums are there? _____

5. Name two kinds of sea creatures you could see there. _____

Qu'est-ce que vous en pensez?

1. Who do you think this place would appeal to?

   Older adults   Young adults   Children   All ages

2. Which exhibits do you think would appeal the most to children? Why? _____

3. What do you think **falaise** (#7) means? _____

Nom _____

Classe _____ Date _____

Discovering
FRENCH
Nouveau!

BLEU

Unité 4
Leçon 9

Activités pour tous

Unité 4. Le monde personnel et familier

LEÇON 9 Le français pratique: Les personnes et les objets

A

Activité 1 Qui est-ce?

Complete the dialogue with some of the items in the box and the correct subject pronoun (**il** or **elle**).

—Qui est-ce? _____

—C'est une _____.

—Comment s'appelle-t-_____?

—_____ s'appelle Nathalie.

—Et quel âge _____?

—_____ quinze ans.

—_____ est _____!

> copain / copine
>
> il a / elle a
>
> a-t-il / a-t-elle
>
> est-il / est-elle
>
> beau / jolie

Activité 2 Les affaires personnelles

Make selections from the box in order to name each item below.

1.

_____

2.

_____

3.

_____

4.

_____

5. [watch image]

_____

6. [computer image]

_____

> un portable
>
> un ordinateur
>
> un appareil-photo
>
> un baladeur
>
> une montre
>
> une voiture

Activité 3 Ma chambre

Caroline is describing her room. Looking at the following picture, circle the words that best complete her statements.

1. *Devant / Dans* ma chambre, le bureau est *devant / dans* la fenêtre.
2. Mon ordinateur est *sous / sur* le bureau.
3. Mon poster de Tahiti est *sous / sur* la porte.
4. Ma guitare est *devant / derrière* le bureau.
5. Mon chat est *sous / sur* le lit.

Nom _____

Classe _____ Date _____

Discovering
FRENCH
Nouveau!

BLEU

B

Activité 1   Vrai ou faux?

Look at the room below and decide if the statements are true or false. If false, write down the correct location word.

1. Il y a une personne dans la chambre.	Vrai	Faux	_____
2. Le bureau est derrière la fenêtre.	Vrai	Faux	_____
3. Le chat est sur le lit.	Vrai	Faux	_____
4. Il y a un ordinateur sur le bureau.	Vrai	Faux	_____

Activité 2   Descriptions

Describe the following people by filling in the blanks with selections from the box.

jeune	brun(e)	blond(e)	petit(e)

1. C'est une _____.
   Elle est _____.

3. C'est une _____.
   Elle est _____.

2. C'est un _____.
   Il est _____.

4. C'est un _____.
   Il a douze ans. Il est _____.

Activité 3   J'ai . . . Je voudrais . . .

Patrick is talking about what he has and what he wants. Fill in the blanks so his parents can use his wish list for Christmas and his birthday.

J'AI   JE VOUDRAIS

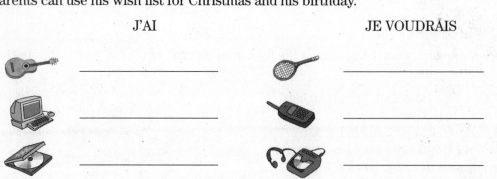

Discovering French, Nouveau! Bleu

Nom _____

Classe _____ Date _____

Discovering FRENCH Nouveau!

B L E U

Unité 4
Leçon 9

Activités pour tous

C

Activité 1 Où est-ce?

Look at the room below and fill in the blanks to complete the statements.

1. La fille est _____ la chambre.
2. Le bureau est _____ la fenêtre.
3. L'ordinateur est _____ le bureau.
4. Le chat est _____ le lit.
5. La guitare est _____ le bureau.
6. L'affiche est _____ la porte.

Activité 2 Qui est-ce?

Introduce the following people providing their names, ages, and one physical trait.

1. (ma voisine) _____

_____

2. (mon prof de français) _____

_____

3. (une copine ou un copain) _____

_____

Activité 3 Qu'est-ce que c'est?

Identify each object as yours. Then say whether it works (well) or not.

Modèle: [2] *C'est ma télé. Elle ne marche pas bien.*

1. _____

2. _____

3. _____

4. _____

Nom _____

Classe _____ Date _____ _____

Discovering
FRENCH
Nouveau!

B L E U

Unité 4
Leçon 10

Activités pour tous

LEÇON 10 Vive la différence!

A

Activité 1 Expressions avec avoir

Fill in the blanks with the correct form of **avoir** and with selections from the box.

*Modèle: C'est mon anniversaire, aujourd'hui. **J'ai 15 ans.***

1. Je voudrais une pizza et une salade. J' _____ _____ _____!

2. Ma soeur est petite. Elle _____ _____.

3. Je voudrais une limonade, s'il vous plaît. J' _____ _____.

4. Donne-nous un jus de pomme, s'il te plaît. Nous _____ _____.

5. Vous mangez beaucoup. Vous _____ _____.

6. Ils font une fête parce qu'ils _____ _____ aujourd'hui.

| faim |
| soif |
| 5 ans |
| 16 ans |

Activité 2 Le singulier et le pluriel

Fill in the blanks with the correct articles, using each only once.

le	la	l'	les	une	des

1. Je voudrais _____ limonade.

2. _____ samedi, je ne travaille pas.

3. _____ ordinateur ne marche pas!

4. Je veux inviter _____ copains.

5. Je n'aime pas _____ musique classique.

6. Est-ce que tu aimes _____ maths?

Activité 3 Je n'ai pas . . .

Transform each sentence into the negative.

1. J'ai un stylo.   _____

2. J'ai une imprimante.   _____

3. J'ai des DVD.   _____

4. J'ai un ordinateur.   _____

Nom _____

Classe _____ Date _____

B

Activité 1 Questions

Circle the correct answer to each question.

1. Quel âge as-tu?   a. J'ai quatorze ans.   b. J'ai trois cousins.

2. Qu'est-ce qu'elle a dans sa chambre?   a. Elle a un bureau.   b. Elle a douze ans.

3. Tu veux un sandwich au jambon?   a. Oui, j'ai soif.   b. Oui, j'ai faim.

4. Qu'est-ce qu'il y a dans le garage?   a. Il y a une voiture.   b. Il a faim.

5. Tu veux une limonade?   a. Non, je n'ai pas soif.   b. Non, je n'ai pas faim.

6. Il est jeune, ton cousin?   a. Oui, il a six CD.   b. Oui, il a six ans.

Activité 2 Contrastes

What your friend has, you don't have; what he likes, you do not like, and vice-versa. Complete
the sentences below by making your selections from the box.

une	la	les	pas d'	pas de

1. Marc a un baladeur. Mais moi, je n'ai _____ baladeur.

2. Marc n'a pas de voiture. Mais moi, j'ai _____ voiture.

3. Marc a des DVD. Mais moi, je n'ai _____ DVD.

4. Marc aime les maths. Moi, je n'aime _____ maths!

5. Marc aime la musique classique. Moi, je préfère _____ rock.

6. Marc a un appareil-photo. Moi, je n'ai _____ appareil-photo.

Activité 3 Une conversation

Two neighbors are talking. Fill in the blanks with articles from the box.

un	les	l'	pas d'	le

—Est-ce que vous avez _____ ordinateur à la maison?

—Non, je n'ai _____ ordinateur à la maison: _____ samedi et _____ dimanche,
je n'aime pas travailler. Et vous? Vous n'avez _____ ordinateur?

—Si. _____ enfants aiment jouer aux jeux vidéo et ils étudient avec _____
ordinateur.

Nom _____

Classe _____ Date _____

Discovering
FRENCH
Nouveau!

BLEU

Unité 4
Leçon 10

Activités pour tous

C

Activité 1 Qu'est-ce que vous avez?

Write three affirmative and three negative sentences that combine a subject from Box A and an object from Box B with the correct form of **avoir**.

A
Je   Nous   Mes parents
Ma copine   Mon copain

B
faim   soif   moto
ordinateur   portable   (des) DVD

1. _____

2. _____

3. _____

4. _____

5. _____

6. _____

Activité 2 Mes affaires personnelles

Fill in the blanks with the correct articles.

1. Sur mon bureau, il y a _____ livres et _____ ordinateur.

2. L'ordinateur a _____ écran, _____ clavier et _____ souris.

3. Dans mon sac, j'ai _____ stylos et _____ cahier, mais je n'ai _____ crayons.

4. J'aime beaucoup _____ français mais je n'aime pas _____ maths.

5. Qu'est-ce que tu préfères, _____ musique classique ou _____ jazz?

6. _____ samedi, je fais du sport. _____ dimanche, j'étudie et je joue aux jeux d'ordinateur.

Activité 3 Il y en a ou il n'y en a pas?

Tell what is and isn't on this desk using **Il y a** or **Il n'y a pas.**

Sur mon bureau . . .

1. (livres) _____

2. (des DVD) _____

3. (stylo) _____

4. (imprimante) _____

Discovering
FRENCH
Nouveau!

B L E U

Unité 4
Leçon 11

Activités pour tous

LEÇON 11   Le copain de Mireille

A

Activité 1   Synonymes et contraires

Circle the word that is *most nearly* the same or opposite.

1. **amusant:**   sympathique   sportif   4. **sympathique:** beau   gentil
2. **intelligente:** méchante   bête   5. **mignon:**   sympathique   beau
3. **petit:**   grand   beau   6. **méchant:**   gentil   timide

Activité 2   C'est d'où?

These items were imported from various countries. Fill in the blanks with selections from the box and making sure you use the correct gender for nationalities.

vélo	moto	téléviseur	appareil-photo	voiture

1. La _____ est _____.

2. L'_____ est _____.

3. La _____ est _____.

4. Le _____ est _____.

5. Le _____ est _____.

Activité 3   Le singulier et le pluriel

Circle the adjective that agrees with the noun.

1. des amis *intéressants / intéressantes*
2. un prof *espagnol / espagnole*
3. des affiches *amusants / amusantes*
4. un cousin *mignon / mignonne*
5. des motos *italiens / italiennes*
6. une montre *suisse / suisses*

Nom _____

Classe _____ Date _____

B

Activité 1 Dialogues

Circle the words that make the most logical sense.

1. —Est-ce que Pauline est gentille? —Mais oui, elle est très *intelligente / sympathique*.
2. —Est-ce que Louis et Robert sont amusants? —Non, ils sont très *timides / mignons*.
3. —Est-ce qu'Anne-Marie est belle? —Oui, elle est *jolie / jeune*.
4. —Est-ce que ton chien est méchant? —Mais non, il est très *sportif / gentil*.
5. —Est-ce que Paul et Virginie sont intelligents? —Mais oui, ils ne sont pas *méchants / bêtes*.

Activité 2 Des copains du monde entier

You have friends from all over the world! State where they are from by filling in the blanks.

1. Julia est _____.

2. Akiko est _____.

3. Stéphane est _____.

4. Miguel est _____.

5. Paola est _____.

Activité 3 L'accord

Write the correct form of the adjectives, paying close attention to gender and number.

1. (intéressant)   Ce sont des livres _____.
2. (japonais)   Nous avons une voiture _____.
3. (italien)   J'aime beaucoup les glaces _____.
4. (sportif)   Ma copine est _____.
5. (gentil)   Mes amies sont _____.
6. (méchant)   Il a un frère assez _____.

Nom _____

Classe _____ Date _____

Discovering
FRENCH
Nouveau!

B L E U

Unité 4
Leçon 11
Activités pour tous

C

Activité 1 Auto-portrait

Describe yourself to a pen pal. Using complete sentences, state (1) your name, (2) nationality, and (3) age. Also describe (4) your personality with three adjectives and include (5) one or two things you like or don't like to do.

Bonjour! (1) _____

(2) & (3) _____

(4) _____

(5) _____

Activité 2 Dîner international

The school is having an international pot-luck dinner and students are preparing foods that represent their cultures. Fill in the blanks with the correct nationalities.

1. Steve prépare des hamburgers. Il est _____.

2. Miki prépare le sushi. Elle est _____.

3. Andrés et Elena préparent des tacos. Ils sont _____.

4. Sandrine et Mylène préparent une quiche. Elles sont _____.

5. Ming prépare une soupe wonton. Elle est _____.

Activité 3 C'est qui?

A friend is looking at your photo album. Using the cues, write two sentences to identify and describe people. Follow the example.

Modèle: C'est une camarade. Elle est française.

1. (cousin) (intelligent) _____

2. (mère) (sportif) _____

3. (cousins) (gentil) _____

4. (copines) (amusant) _____

5. (petite soeur) (mignon) _____

Discovering
FRENCH
Nouveau!

B L E U

Unité 4
Leçon 12

Activités pour tous

LEÇON 12 La voiture de Roger

A

Activité 1 Les couleurs

Circle the color you most closely associate with the following, then fill in the blanks.

1. un jus de pomme: bleu   jaune
   Le jus de pomme est _____ .

2. un jus de tomate: rouge   blanc
   Le jus de tomate est _____ .

3. une salade: rose   vert
   La salade est _____ .

4. un bureau: orange   marron
   Le bureau est _____ .

5. une page: rouge   blanc
   La page est _____ .

Activité 2 La place des adjectifs

Each statement has one adjective. Making each selection once from the box, set the adjectives in the correct blanks, before or after the noun.

belle	verte	intelligents	petit	Blanche	bon

1. Tu as une _____ montre _____ !

2. Ce sont des _____ élèves _____ .

3. Le président américain habite à la _____ Maison

   _____ .

4. *Titanic* est un _____ film _____ .

5. C'est une _____ salade _____ .

6. Le shitzu est un _____ chien _____ .

Activité 3 Dialogue

Corinne and Jean-Paul are chatting in the hallway. Circle the expressions that correctly complete their statements or questions.

—Le garçon là-bas, *il est / c'est* ton copain?
—Oui, *c'est / il est* Marc. *C'est / Il est* très gentil.
—Et tu connais l'étudiante là-bas?
—Oui, *c'est / elle est* une copine, Véronique.
—*C'est / Il est* vrai? *C'est / Elle est* vraiment mignonne!

Discovering
FRENCH
Nouveau!

B L E U

Nom _____

Classe _____ Date _____

B

Activité 1 Les couleurs

Circle the two colors you most closely associate with the following holidays.

1. **Halloween:**   blanc   orange   rose   noir
2. **Christmas:**   gris   rouge   vert   noir
3. **July 4th:**   rouge   vert   jaune   bleu
4. **Hanukkah:**   orange   bleu   marron   blanc
5. **Easter:**   rose   marron   jaune   gris

Activité 2 La place des adjectifs

Each statement has two adjectives. Circle each adjective in its correct position, before or after the noun.

1. C'est une *belle / noire* voiture *belle / noire*.
2. Voilà une *rouge / belle* affiche *rouge / belle!*
3. C'est un *petit / gris* chat *petit / gris*.
4. C'est un *marron / beau* bureau *marron / beau*.
5. C'est une *grande / française* voiture *grande / française*.
6. C'est un *bon / grand* chien *bon / grand*.

Activité 3 Dialogues

Fill in the blanks with **C'est...** or **Il / Elle est...**

1. _____ une grande voiture.

2. _____ petit.

3. _____ un prof intéressant.

4. _____ une belle maison.

5. _____ française.

Nom _____

Classe _____ Date _____

Discovering
FRENCH
Nouveau!

B L E U

Unité 4
Leçon 12

Activités pour tous

C

Activité 1 Mes affaires

What do you have that are the following colors or have the following attributes? Make complete sentences beginning with **J'ai** or **Je n'ai pas.**

1. (petit) _____

2. (gris) _____

3. (noir) _____

4. (grand) _____

5. (bleu) _____

Activité 2 Des questions personnelles

Over lunch, you are having a conversation with a classmate who is asking you a number of questions. Answer affirmatively or negatively.

1. Est-ce que ton vélo est bleu? Oui, j'ai un _____.

2. Est-ce que ta maison est grande? Non, ce n'est pas une _____.

3. Est-ce que tes copines sont sportives? Oui, ce sont des _____.

4. Est-ce que ta chambre est belle? Oui, c'est une _____.

5. Est-ce que ton ordinateur est petit? Non, ce n'est pas un _____.

6. Est-ce que les sandwichs sont bons? Oui, ce sont de _____.

Activité 3 Réactions

Guess the responses to the statements below, using the expressions you learned in this lesson. Use one word per blank.

1. —Voilà une grande pizza.

   —_____!

2. —Maman, j'étudie beaucoup ce soir.

   —_____ _____!

3. —C'est vrai, tu as 18 ans?

   —Mais non, _____ _____!

4. —Le français, c'est difficile?

   —Mais non, _____ _____!

5. —C'est comment, *Dumb and Dumber?*

   —_____ _____!

Nom _____

Classe _____ Date _____

Discovering
FRENCH
Nouveau!

BLEU

Unité 4

Activités pour tous
Reading

UNITÉ 4   Reading Comprehension

A

**▦ RENAULT KANGOO 1.9L
RTE DIESEL**
07/99, AM00, 42 000km, diesel, 5 places, gris métal, climatiseur, pack, vitres électri-
ques, direction assistée.
73 000 €

▦ FIAT ULYSSE 2.1L TDS
11/98, AM99, 29 000km, vert
métal, clim., pack électrique,
direction assistée, garantie 12
mois, 1ère main. **110 000 €**
DE AUTO   01 47 85 18 98

Compréhension

1. Which car is newer?

   la Renault   **la Fiat**

2. What colors are available?

   blue   green   black   grey

3. Which car (or both) has the following features?

   air conditioning   **la Renault**   **la Fiat**   both

   metallic paint   **la Renault**   **la Fiat**   both

   regular gas   **la Renault**   **la Fiat**   both

4. Which car has more mileage?

   la Renault   **la Fiat**

5. Which car has a warranty?

   la Renault   **la Fiat**

Qu'est-ce que vous en pensez?

1. 29 000 km is approximately how many miles?

   18,000   24,000   44,000

2. What does **direction assistée** mean?

   low mileage   cruise control

3. What is the word for "air conditioner?"

   pack   **climatiseur**

B

Compréhension

1. What five kinds of items can be rented here?

(1) _____ (2) _____ (3) _____ (4) _____ (5) _____

2. During the week, what are store hours?

    9–5   9–7   24 hours

3. How old do you have to be to rent a scooter?

    18   21   23

4. When does the weekend rate start?

    Friday 6 P.M.   Saturday 9 A.M.

5. When does it end?

    Saturday 7 P.M.   Monday 10 A.M.

Qu'est-ce que vous en pensez?

1. What do you think **ve** and **lu** are abbreviations for?

2. What is the word for "rental?"

3. What is the word for "rates?"

Nom _____

Classe _____ Date _____

B L E U

Discovering FRENCH *Nouveau!*

Unité 4

Activités pour tous Reading

C

Compréhension

1. What is the offer for?
   A computer purchase
   A computer rental

2. The computer is made by:
   Internity   Net-Up
   IBM

3. What two components does the computer include?
   15" screen   CD-ROM drive
   CD burner   10 hours of Internet

4. How many days a week is technical assistance available by phone?
   5 days   6 days   7 days

5. The service provider offers 10 hours of free e-mail per:
   day   week   month

Qu'est-ce que vous en pensez?

1. What do you think **logiciel** means?
   hardware   hard disk   software

2. To rent this computer system, what is the approximate price in dollars per month?
   $30 $40 $200

3. What does **illimité** mean?
   up-to-date   unlimited